AF326396

NOTICE

SUR

LA VIE ET LE CULTE

DE SAINT DIÉ

A L'OCCASION

DU 12me CENTENAIRE

DE CE

GLORIEUX PATRON DE LA VILLE ET DU DIOCÈSE

DE SAINT-DIÉ

SAINT-DIÉ. — IMPRIMERIE L. HUMBERT

AVANT-PROPOS

L'auteur de ce petit opuscule se propose de donner aussi exactement que possible le récit abrégé de la vie de saint Dié. Laissant de côté toute discussion scientifique, il suivra, pour l'ordre des faits et la chronologie, les sentiments qui lui paraissent plus certains ou plus autorisés. Il prie néanmoins le lecteur de faire attention, qu'après les savants travaux de l'abbé de Riguet, le doute ne saurait plus guère porter que sur l'époque ou l'existence de certains voyages de saint Dié, pendant son séjour en Alsace.

Puisse cette courte notice contribuer à raviver l'antique dévotion que nos aïeux avaient vouée à saint Dié.

CHAPITRE Ier.

Saint Dié avant son établissement au pied du Camberg.

Déodat, Adéodat ou Dieudonné, et, par abréviation, Dié, naquit vers l'an 599, d'une famille de la Gaule Occidentale. Le sang royal des Mérovingiens coulait, dit-on, dans ses veines. Mais plus encore que sa naissance, les qualités de son cœur et la rare distinction de son esprit le signalèrent de bonne heure à l'attention de tous. Aussi fut-il accueilli par les applaudissements unanimes du peuple et du clergé, lorsqu'il monta, bien jeune encore, sur le siége épiscopal de Nevers. Véritable pasteur de son peuple, il oubliait ses propres besoins, pour ne songer qu'à ceux de son troupeau. Car, tout en vivant au milieu du siècle, ce vrai disciple de Jésus avait détaché son cœur de tout bien créé. Toutefois, le désir de se séparer plus entièrement du monde agitait le cœur du saint évêque.

Après deux ou trois ans d'épiscopat, il cède aux sollicitations de la grâce et résigne son évêché. Sans se laisser arrêter par aucune considération humaine, il s'arrache à l'affection de ses prêtres et de ses diocésains, et s'enfuit dans la solitude, avec trois généreux compagnons de son exil volontaire, Villigod, Domnole, et un troisième portant comme lui le beau nom de Dieudonné.

La profondeur des forêts, et sans doute aussi, l'action secrète de la divine Providence, l'attirèrent d'abord dans nos Vosges, où il entra vers l'an 630.

Il s'y révéla tout aussitôt comme un thaumaturge. Le seigneur de Romont, Asclas, se faisait alors construire un manoir. Or, depuis trois jours déjà, les charpentiers s'ingéniaient vainement à poser en son lieu la poutre maîtresse et faîtière. Placée dans un sens, elle était trop courte; dans un autre, elle n'était pas droite, ou présentait un autre défaut. Asclas, dépité de ce contre-temps, ne pouvait plus maîtriser sa colère, et vomissait mille imprécations à l'adresse de ses ouvriers. Mais la charité est l'apanage des saints. Déodat, instruit de l'embarras des charpentiers par un enfant qui gardait leurs outils, fut ému de compassion. « Venez, dit-il à ses compagnons, et conjurons le Ciel par une fervente prière. » Ils se mirent à genoux, puis, forts de la pro-tection d'En Haut, placèrent eux-mêmes la poutre, sans aucune difficulté.

Les pieux voyageurs s'étaient remis en marche. Mais Asclas, qu'on avait averti, fut curieux de voir l'auteur de ce prodige, et le fit mander au plus tôt. Saint Dié y consentit volontiers. Dans un long entretien avec Déo-dat, Asclas s'enquit avec intérêt du motif de son voyage, et sur la réponse du saint, lui fit mille instances pour l'engager à s'arrêter sur ses terres. Il poussa même la générosité jusqu'à lui abandonner la propriété de son domaine de Romont, en lui constituant une rente annuelle de cinq sicles d'argent, pour pouvoir en conserver l'usufruit jusqu'à la mort.

Dieudonné toutefois n'agréa cette offre qu'en partie; il accepta la rente, mais refusa les autres propositions. Malgré les pressantes sollicitations d'Asclas, il voulut chercher ailleurs un asile où son humilité serait à l'abri de la gloire et des honneurs, que le miracle dont il venait d'être l'instrument lui aurait infailliblement attirés.

Pour consoler le seigneur Asclas, Déodat permit à son disciple Villigod de s'arrêter à Romont, où sa vie pure et les miracles opérés sur son tombeau, lui ont fait mériter le titre de saint.

En sortant de Romont, Dieudonné s'avança près d'un village nommé Argentille, et par corruption Arentelle, du nom du ruisseau limpide qui l'arrosait. Ce lieu lui parut propre à son dessein, et il conçut le projet d'y bâtir un ermitage. La ferme de l'Etang, commune de Nonzeville, paroisse de Destord, en occuperait, dit-on, l'emplacement aujourd'hui. Déjà les constructions s'élevaient assez haut, lorsque les habitants d'Arentelle, sous prétexte que le voisinage d'un monastère serait un obstacle à leur prospérité temporelle, s'acharnèrent avec tant de rage contre notre saint, qu'ils le contraignirent à quitter le pays.

Chose remarquable! les persécuteurs de l'Eglise et de ses prêtres sont presque toujours punis dès cette vie. Les habitants d'Arentelle en sont un exemple frappant. La plupart d'entre eux devinrent idiots, et les autres moururent assez jeunes, en sorte que leur race s'éteignit bientôt, et que leur village même a disparu depuis longtemps.

En s'éloignant d'Arentelle, le prélat fugitif avait dirigé ses pas vers l'Orient. Son voyage fut long et pénible, à travers des montagnes abruptes et des gorges tortueuses. Arrivé dans une vaste forêt d'Alsace, au voisinage de Haguenau, il crut pouvoir y trouver la paix et la solitude. Cette forêt fut connue depuis sous le nom d'Heiligenforst, ou la Forêt-Sainte, à cause des nombreux anachorètes qui la peuplaient à cette époque. Un des plus célèbres est saint Arbogaste qui devint évêque de Strasbourg. On croit avec assez de vraisemblance que saint Dié fit alors sa connaissance, et se l'unit des liens d'une étroite et tendre amitié.

Mais des persécutions analogues à celles qu'il avait essuyées près d'Arentelle forcèrent bientôt Dieudonné à chercher un autre asile. Il remonta donc, vers l'an 634, dans la direction de Benfeld. Rapproché du désert de Haselach, il eut occasion de rencontrer saint Florent qui y menait la vie érémitique, et ne tarda pas à conquérir toutes ses sympathies.

Cependant de nombreux ermites sanctifiaient le pays d'Ebersheim, appelé aussi Novientum ou Ebersmunster, aux environs de Schlestadt. Déodat, qui avait quitté Nevers par amour de la retraite, fut heureux de venir partager leur solitude. Ce n'est pas néanmoins qu'il s'interdit un voyage justifié par des raisons de piété. Comme il y a tout lieu de croire, il quitta en effet momentanément Ebersheim, pour satisfaire sa dévotion à saint Maurice et à ses compagnons, et se rendre au monastère d'Agaune. Les religieux l'accueillirent avec honneur, et l'abbé lui fit présent de plusieurs reliques. Ce pèlerinage aux lieux sanctifiés par le martyre de la légion thébéenne, ne fit que redoubler sa piété envers ces généreux soldats du Christ, et lui inspirer le désir de visiter les sanctuaires enrichis de leurs reliques. Conduit par ce motif, il vint donc à l'abbaye Saint-Maximin de Trèves, où saint Hidulphe était alors religieux, et il est fort probable que l'amitié de ces deux saints date de ce voyage. Quoiqu'il en soit, les solitaires affluaient de plus en plus dans les forêts de Novientum. Ils n'étaient point reliés par une règle commune, mais ils s'assemblaient néanmoins le dimanche dans une chapelle, et peu à peu, ils s'habituèrent à regarder l'ancien évêque de Nevers comme leur maître et leur abbé.

Les vertus des saints trompent ordinairement leur humilité. Saint Dié avait fui le monde pour vivre dans l'oubli, et la gloire le poursuivait jusque dans les déserts.

Pour se soustraire à la vénération dont il était l'objet, de la part des ermites et des peuples d'alentour, il reprit le cours de ses pérégrinations, remonta vers Colmar, jusqu'en un lieu nommé Wilra, entre Amerschwihr et Ingersheim, et y bâtit un ermitage, auprès d'une fontaine qui porte encore le nom de fontaine de saint Dié. Mais il avait beau chercher l'obscurité, l'odeur de ses vertus le trahissait toujours. On accourait en foule à son ermitage, s'édifier au spectacle de ses vertus, et s'instruire aux leçons de ses sages conseils. Tant est grand l'ascendant qu'exerce toujours la sainteté !

Parmi les auditeurs fidèles et assidus de saint Dieudonné, il convient de placer, en première ligne, les pieux châtelains de Hunawihr, le comte Hunnon, et surtout sainte Hunne son épouse. Docile à la direction de saint Dié, Hunne faisait de jour en jour de nouveaux progrès dans la piété, et manifestait spécialement une tendre compassion envers les pauvres et les malheureux. Elle regardait chacun d'eux comme un autre Jésus-Christ, et, dans cette pensée, ne se bornait pas à leur distribuer des secours pécuniaires, mais aimait à panser leurs plaies et à laver leurs haillons. Cette dernière particularité lui a valu le surnom de sainte lavandière.

L'absence de source dans le voisinage du château obligeait la pieuse comtesse à faire un trajet assez long pour trouver de l'eau. Saint Dié s'en aperçut, et comme un autre Moyse, il pria le Seigneur, frappa un rocher voisin du château,' et en fit jaillir une source abondante. Ces eaux ont souvent produit des effets miraculeux, et malgré les efforts des hérétiques qui cherchèrent à en tarir la source, elles coulent encore aujourd'hui dans l'enclos de l'église de Hunawihr.

Cependant Dieu combla les vœux de ces pieux époux, en leur accordant un fils. Ils prièrent saint Dié de lui administrer le baptème, et de lui donner en même temps son propre nom de Dieudonné. Les châtelains de Hunawihr voulaient ainsi témoigner leur estime et leur reconnaissance à l'anachorète de Wilra.

Mais la persécution semblait s'attacher aux pas de saint Dié. Tandis que tous les gens de bien professaient pour sa personne une profonde vénération, les habitants de Wilra se liguaient contre lui, dans le but de l'expulser de sa cellule. Devant la violence ouverte, saint Dié fut obligé de céder. Mais Dieu se chargea de châtier les coupables, et la punition fut encore plus exemplaire que celle d'Arentelle. Les meneurs d'une condition supérieure moururent presque tous avant l'âge, et la malédiction du Ciel s'appesantit sur leur postérité. Aussi, dans la suite, vit-on souvent leurs descendants accourir au tombeau de saint Dié, et lui engager leurs personnes et leurs biens, pour obtenir la délivrance de cette punition. Quant aux enfants des paysans, ils naquirent tous avec d'énormes goîtres, tandis que cette infirmité n'atteignait point ceux qui venaient au monde sur l'autre rive du ruisseau. On ne pouvait méconnaître le juste jugement de Dieu dans ce fléau qui discernait les lieux dont les habitants avaient trempé ou non dans le complot.

C'est en souvenir de cet incident que tant de personnes affligées du goître sont accourues jadis au tombeau du saint, pour demander leur guérison. Les nombreux billets trouvés en 1746 à la reconstruction de l'autel de saint Dié en sont les garants authentiques.

Déodat expulsé de Wilra se réfugia près de Hunnon. Volontiers celui-ci se serait réjoui de ces tracasseries, s'il eût pu déterminer saint Dié à se fixer définitivement dans son voisinage. Il ne négligea rien dans ce but, mais il n'obtint qu'un demi-succès. Après quelque temps de séjour à Hunawihr, le saint anachorète prit la résolution de chercher une solitude entièrement retirée. Il craignait pour son âme le contact trop fréquent du monde, et redoutait encore plus la gloire et l'abondance dont on l'entourait. Il imposa donc silence aux sentiments de la nature et se sépara, non sans regrets, de la famille du comte Hunnon. Il traversa d'abord la vallée de Kaysersberg, puis s'arrêta quelque temps sur les flancs abrupts d'une montagne, près de laquelle s'est formé, dans la suite, le village du Bonhomme, ainsi nommé, dit la tradition, de la douceur et de la charité du saint voyageur. On montre encore aujourd'hui, sous la désignation de maison de saint Dié, des ruines qui marqueraient, dit-on, l'endroit autrefois habité par le saint.

Cependant la Providence voulait saint Dié dans nos Vosges. Il ne tarda pas à s'enfoncer de nouveau dans les gorges des montagnes, et pénétra jusqu'en cette belle vallée qui porte aujourd'hui son nom, mais qui alors était inculte, déserte et marécageuse.

Si l'on veut en croire les traditions populaires, il aurait marqué divers points de son trajet par des bienfaits. Quatre sources, l'une au champ de Rosberg, territoire de La Croix-aux-mines; les autres, sur la paroisse de Laveline, portent son nom, ou rappellent sa mémoire par quelque récit légendaire. Suivant une de ces légendes, saint Dié, lors de son passage sur les montagnes qui séparent Fraize du Bonhomme, aurait promis que jamais les brouillards n'y persisteraient plus de vingt-quatre heures. Une autre version étendrait même cette promesse à tout le val de Saint-Dié. Peut-être ces traditions populaires auraient-elles peine à résister aux investigations de la critique, mais elles prouvent du moins la popularité du nom de saint Dié, et la haute idée qu'on s'était formée de sa puissance et de ses vertus.

CHAPITRE II.

Saint Dié au pied du Camberg.

On se tromperait étrangement, si l'on se figurait la vallée supérieure de la Meurthe, au septième siècle, dans l'état où nous la voyons de nos jours. Quand l'ancien évêque de Nevers y vint chercher un asile en 659, le pays se trouvait entièrement dépeuplé, la Meurthe que rien ne forçait à se creuser un lit, se répandait dans la largeur de la vallée, d'immenses forêts avaient envahi tout le territoire, et les établissements tentés autrefois par les Romains dans les environs de l'église actuelle Saint-Martin, avaient entièrement disparu.

On ne soupçonnerait guère aujourd'hui, à l'aspect de cette ville qui se développe dans une large et riante vallée, qu'au lieu de ce ravissant panorama, s'étendait il y a douze siècles, un sauvage désert, peuplé seulement d'animaux sauvages. Cette heureuse transformation est l'œuvre des moines du moyen-âge. C'est à l'ombre d'un cloître qu'est née et qu'a grandi cette cité. Un prélat, fatigué du monde et devenu moine pour se dérober aux honneurs et au fardeau de l'épiscopat, lui a donné la naissance et le nom. Ses vertus l'ont fait canoniser, et c'était justice de le choisir comme patron du diocèse, lorsqu'à la suite des siècles, un siége épiscopal fut érigé dans la ville dont il est le père.

C'est vers ces lieux que se dirigeait saint Dié, en quittant l'Alsace. Il suivit un instant le cours de la Meurthe, s'arrêta au pied d'une montagne, nommée Camberg, et se construisit un oratoire en l'honneur de saint Martin, pour lequel il professait une singulière dévotion. Une grotte naturelle, creusée dans le flanc de la montagne, près d'une source abondante, lui servit de cellule. La grotte n'existe plus, et l'oratoire a subi plus d'une transformation : mais on aime encore à venir prier dans ces lieux témoins des veilles, des austérités et des oraisons prolongées de saint Déodat.

Dans son désert, le saint anachorète se trouva bientôt à bout de ressources. Les racines et les herbages de la forêt ne pouvaient suffire à son entretien. Heureusement, le Seigneur, qui n'oublie jamais ses fidèles serviteurs, prit soin de venir à son secours. Il apparut dans une vision nocturne au pieux comte Hunnon, et lui dit d'un ton de doux reproche : « Eh quoi ! laisserez-vous donc périr de faim au désert, votre vénérable ami Dieudonné ? » Et comme Hunnon s'excusait sur ce qu'il ignorait le lieu de sa retraite : « Chargez vos chevaux de provisions, reprit le Seigneur, et laissez-les marcher à la garde de Dieu ; ils arriveront certainement. »

A son réveil, Hunnon raconta cette vision à sa femme, qui le pressa d'obéir sans retard à l'invitation du Ciel. Chose étonnante ! à peine les chevaux furent-ils équipés, qu'ils prirent d'eux-mêmes la direction des montagnes, et arrivèrent par monts et par vaux devant la cellule du pieux ermite, qui fut fort surpris de cette aventure. Mais sa surprise se changea en actions de grâces, lorsqu'il apprit des serviteurs qui avaient suivi le convoi, la manière miraculeuse dont la divine Providence leur avait fait découvrir sa retraite.

Hunnon trop heureux du succès de cette première démarche, se fit un devoir bien doux de fournir au pieux solitaire tout ce que réclamait son entretien. Or, dit la légende, un loup s'étant un jour jeté sur l'âne qui portait les provisions, et l'ayant mis en pièces, sainte Hunne le condamna lui-même à remplir cet office: ce qu'il fit, pendant plusieurs mois, à la grande admiration de ceux qui en étaient témoins.

Ces prodiges avaient révélé la retraite de Déodat, qui vit bientôt accourir autour de son humble cellule des disciples avides de se consacrer au service de Jésus-Christ. D'autres, moins parfaits, voulaient au moins lui faire accepter leurs offrandes.

Cette abondance de biens et cette foule de disciples lui manifestèrent la volonté de Dieu, qui l'appelait à sauver des âmes, en les dirigeant dans les voies de la retraite et de la pénitence. Il songea donc à bâtir des cellules, des oratoires et un monastère. Ni les ressources, ni les matériaux ne lui manquaient: il n'avait plus qu'à se munir de l'autorisation des puissances tant séculières qu'ecclésiastiques. Il commença par s'adresser à la puissance civile. La réputation de vertu dont il jouissait si légitimement, lui fit obtenir sans difficulté au-delà même de ce qu'il pouvait espérer. Childéric, alors roi d'Austrasie, le même qui fut roi de France sous le nom de Childéric II, lui donna, vers l'an 661, par lettre scellée de son sceau, toute la vallée supérieure de la Meurthe, avec le territoire arrosé par les divers affluents de cette rivière.

En conséquence, saint Dié se disposait à bâtir un

monastère, à côté de son oratoire, mais un événement miraculeux lui fit modifier sa détermination.

Un de ses disciples surveillait, dans les forêts de l'Ormont, les travaux des ouvriers chargés de préparer les matériaux nécessaires à la construction. Un soir qu'il revenait vers la cellule de saint Dié, il s'arrêta sur la rive droite de la Meurthe, dans l'intention de gagner du temps pour le lendemain, en y passant la nuit. Il se coucha donc sur un petit tertre situé au confluent du ruisseau de Robache avec la Meurthe, et que pour ce motif, on désignait sous le nom de Jointures, et s'y endormit profondément. Pendant son sommeil, il fut favorisé d'une vision. La Sainte Vierge lui apparut, et lui prescrivit de bâtir le monastère à l'endroit même où il se reposait. Le lendemain, de grand matin, il courut avertir saint Dié, qui donna des ordres en conséquence. Une triple construction fut alors entreprise aux Jointures : une église dédiée à Notre-Dame et aux douze apôtres, dont l'autel principal occupa le lieu de l'apparition (1) ; une autre église bâtie sur des proportions plus vastes, en l'honneur de saint Maurice et de ses

(1) Ce sanctuaire de la Mère de Dieu, connu à Saint-Dié sous le nom de Petite-Eglise, devint un lieu célèbre de pèlerinage, grâce aux nombreux miracles qui s'y opérèrent. On établit instinctivement un parallèle entre Notre-Dame de Lourdes et Notre-Dame de Saint-Dié, quand on parcourt les diverses relations des faits merveilleux accomplis à la Petite-Eglise. Outre cet intérêt d'un ordre plus élevé, la Petite-Eglise, rebâtie complétement à l'époque carlovingienne, présente encore au point de vue architectural, un intérêt tout particulier.

2

compagnons (¹) ; et entre les deux sanctuaires, le monastère avec son cloître.

Cependant saint Dié se préoccupait de la situation canonique de son monastère. Remarquant que de fait son val ne relevait d'aucune juridiction diocésaine, il prit le sage parti de s'adresser au métropolitain. On peut croire qu'il se rendit personnellement à Trèves, pour traiter cette grave affaire, et qu'à l'exemple de plusieurs saints fondateurs, il sollicita l'exemption de la juridiction ordinaire pour le territoire dont Childéric lui avait concédé la propriété et le haut domaine. Saint Numérien, alors archevêque de Trèves et probablement aussi légat du Saint-Siége pour ces contrées, se rendit volontiers aux désirs de Déodat, et lui accorda un privilége en ce sens, vers l'an 664.

Muni de cette charte qui soumettait son monastère et ses dépendances présentes ou futures à l'autorité immédiate de l'Eglise romaine, saint Dié revint au milieu de ses religieux. Bientôt de nouveaux disciples affluè-

(1) Cette disposition subsiste encore, quoique les constructions actuelles ne remontent pas à l'époque de saint Dié. L'église Saint-Maurice, plus tard l'église Saint-Dié, plusieurs fois rebâtie et restaurée, devint collégiale au X° siècle, et cathédrale en 1777. « Elle présente, dans sa construction, dit M. Lepage, quatre époques bien distinctes ; deux côtés de la nef appartiennent à l'architecture romane des VIII° et X° siècles ; le sanctuaire offre l'architecture à ogive du commencement du XIII° siècle ; enfin ces trois styles sont masqués à l'extérieur par un portail construit en 1711, et qui se développe sur toute la largeur de l'édifice. »

rent, et soit insuffisance de la construction des Jointures, soit désir de pratiquer la vie érémitique, plusieurs allèrent bâtir leurs cellules dans les vallons
d'alentour. Peu à peu les peuples attirés par la bonté
des religieux, et la beauté du pays qui se transfor-
mait, se fertilisait, et s'assainissait sous leurs bêches,
se groupèrent aux environs de ces cellules dont les
oratoires leur servirent bientôt d'églises paroissiales.
C'est ainsi que, grâce aux moines, se sont formés et
développés plus de trente bourgs et villages, et la ville
même de Saint-Dié.

Cependant saint Dié n'avait pas oublié ses anciens
compagnons d'Ebersheim, qui depuis longtemps mani-
festaient des aspirations à la vie monastique. Peut-être
entretenait-il des relations avec son disciple Déodat
qu'il avait laissé au milieu d'eux. Toujours est-il qu'il
fut heureux d'employer le crédit dont il jouissait auprès
des seigneurs alsaciens, pour engager le duc Attic,
parent de sainte Hunne et père de sainte Odile, à leur
bâtir un monastère. Le duc se laissa persuader, et fit
aussitôt commencer les travaux. Cependant saint Dié
avait entrepris un dernier voyage à Trèves, dans le but
d'obtenir de saint Hidulphe, successeur de saint Numérien, la confirmation de son privilége, et encore d'as-
sister à la translation de saint Maximin, dont il obtint
des reliques. Quelque temps après, il fut prié de venir
consacrer l'église d'Ebersheim, organisa la nouvelle
communauté et mit à la tête du monastère qu'on appela

dès lors Ebersmunster, son vertueux disciple Déodat, qui y mourut en réputation de sainteté.

Un des premiers et des plus fervents religieux de cette maison fut Dieudonné, fils de sainte Hunne, qui s'y consacra dès son adolescence, et ne tarda pas à recevoir la récompense de ses vertus.

Hunnon, son père, ne lui survécut pas longtemps. Quant à Hunne, se voyant alors dégagée de tout lien terrestre, elle s'adonna plus que jamais à la vertu et aux œuvres de miséricorde, et sa vie fut si pure qu'elle a mérité d'être placée sur les autels. Elle fut en effet canonisée le 15 avril 1520. Ses reliques, solennellement levées de terre à cette date, furent profanées et jetées au vent par les Luthériens, en 1540. Fort heureusement pour nous, à la levée du corps de sainte Hunne, l'église de Saint-Dié avait été gratifiée d'une relique insigne d'un de ses bras. Ce précieux trésor est encore conservé à la cathédrale, et chacun peut aller vénérer les restes de ce bras qui accomplit tant d'œuvres de charité. Le diocèse de Saint-Dié célèbre la fête de sainte Hunne le trois juin, et celui de Strasbourg le quinze avril.

Le long séjour de saint Dié en Alsace et la part qu'il prit à la fondation d'Ebersmunster, justifient pleinement sa popularité parmi nos voisins du diocèse de Strasbourg. Mais quand ils croient, avec quelques-uns de leurs historiens, posséder à Ebersmunster les reliques et le tombeau de l'ancien évêque de Nevers, ils font une confusion que l'église de Saint-Dié ne saurait tolérer. Une similitude de nom les a induits en erreur, et ils ont identifié à tort le maître avec le disciple.

Mais revenons à notre saint. Après la fondation d'Ebersmunster, il rentra dans la vallée de la Meurthe, en l'an 659, et cette fois, pour ne plus en sortir. D'ailleurs, les années commençaient à s'accumuler sur sa tête, et c'est par erreur que quelques biographes lui ont fait entreprendre le voyage de Rome en 680.

Tout entier à son salut et au gouvernement de son monastère, il allait tous les jours visiter les religieux, par un sentier qui a disparu depuis longtemps, et revenait passer la nuit dans sa grotte, au lieu même où se trouve actuellement l'établissement du Petit-Saint-Dié.

Néanmoins, tout en demeurant au milieu de ses moines, il exerçait encore au loin son apostolat. Hidulphe, archevêque de Trèves, avait conçu pour saint Dié une amitié si vive et une estime si profonde, qu'à son exemple, il quitta son diocèse, et vint le rejoindre, en l'an 671. Les deux amis ne voulurent pas cependant qu'une liaison trop humaine devînt un obstacle à leur commune perfection : ils résolurent de se séparer, tout en se promettant de se visiter une fois chaque année. C'est ainsi que la véritable dilection sait concilier les droits de Dieu et ceux de l'amitié.

Saint Hidulphe ayant donc fondé le monastère de Moyenmoutier, les deux saints convinrent d'un lieu qu'ils appellèrent Béchamp (*Bellus campus*), pour leur servir de rendez-vous. « Ils y bâtirent, dit Riguet, une « chapelle dans laquelle ils ont passé quelquefois des « nuits entières, sans se lasser de parler des grandeurs « de Dieu et des moyens de procurer sa gloire. » Mais il est probable que l'érection de cette chapelle est plus récente, et que l'entrevue des deux saints se faisait alternativement à Saint-Dié ou à Moyenmoutier. On montre encore aujourd'hui, près de la Louvière, commune d'Hurbache, quelques vestiges du chemin qui conduisait à la chapelle de Béchamp, et que la tradition nomme chemin de saint Dié et de saint Hidulphe.

Sept ans et demi après l'arrivée de saint Hidulphe dans les Vosges, saint Dié, cassé de vieillesse, fut atteint de la maladie qui devait le conduire au tombeau. A la nouvelle du danger, tous les religieux du val accoururent comme des fils dévoués autour d'un bon père, et saint Hidulphe, que Dieu avait miraculeusement averti, se hâta de franchir la distance qui le séparait de son ami, pour venir l'aider à ses derniers moments.

Dans cette extrémité, saint Dié voulant pourvoir à la direction de ses religieux, crut ne pouvoir mieux faire que de les confier à saint Hidulphe. Puis, n'ayant plus rien à traiter ici-bas, il attendit l'appel du Seigneur, et s'endormit en paix, le dimanche 19 juin 679, auprès de son oratoire de saint Martin (1).

(1) Cet oratoire rebâti en 1736, fut restauré avec beaucoup de goût en 1863 par Mgr Caverot, aujourd'hui cardinal-archevêque de Lyon. A côté s'élevait l'ancienne église paroissiale Saint-Martin, qu'on

Saint Hidulphe fit porter le corps de son ami dans l'église de Notre-Dame, et l'y fit inhumer provisoirement. Mais quand la grande église fut achevée, on exhuma le cercueil de pierre qui renfermait la dépouille mortelle du saint, et on le déposa dans une tombe creusée en cette église, devant l'autel de la Sainte-Croix.

Pendant l'année qui suivit, saint Hidulphe se rendit fréquemment au monastère de Jointures, pour y célébrer la sainte messe, à l'intention de son ami. Les années suivantes, il y continua ses visites, à l'occasion de la charge qu'il avait acceptée. Les religieux venaient processionnellement à sa rencontre, portant la tunique de leur saint fondateur, que saint Hidulphe baisait avec respect, en souvenir de saint Dié. Réunis sous la même houlette, les religieux des deux monastères vécurent dans la plus touchante harmonie. La mort de saint Hidulphe ne changea rien à ces relations. Habitués à se regarder comme des frères, les religieux de Moyenmoutier et ceux de la Galilée (c'est le nom qui servit longtemps à désigner le monastère des Jointures, et par suite tout le val) continuèrent à se donner des marques réciproques d'une tendre amitié. Chaque année, ils se visitaient soit dans un des monastères, soit à Béchamp, d'abord avec les tuniques, ensuite avec les reliques de leurs fondateurs.

abandonna en 1730, pour construire celle qu'on voit aujourd'hui. C'est en considération de cet oratoire qu'une partie de la montagne du Camberg a pris depuis longtemps le nom de *Côte-Saint-Martin*.

Cette touchante fraternité a persévéré même après la sécularisation de l'abbaye de Saint-Dié, vers l'an 964. La procession à Béchamp se continua jusqu'en 1635. On dut alors interrompre cet usage séculaire, à cause des guerres qui désolaient le pays. Plus tard, diverses circonstances empêchèrent le retour à cette antique coutume, et la chapelle abandonnée tomba en ruines. On connaît son emplacement, sous le nom de *Croix-Vautrin*.

Une autre croix, sur le chemin d'Hurbache à La Voivre, en rappelle aujourd'hui le souvenir. Elle s'élève à 400 mètres environ du lieu jadis occupé par la chapelle.

Cet oratoire autrefois si fréquenté, et enrichi d'indulgences par le Pape Paul III, en 1541, dépendait de la paroisse d'Hurbache, dont celle de La Voivre n'avait pas encore été séparée. Aussi, le rituel de Moyenmoutier réservait-il au curé d'Hurbache le privilége de célébrer la messe à Béchamp, quand les chanoines de Saint-Dié et les religieux de Moyenmoutier s'y réunissaient annuellement.

CHAPITRE III.

Cultes et reliques de saint Dié.

La vie de saint Dié n'ayant été qu'une série d'œuvres méritoires, l'on ne doit pas s'étonner des miracles dont

Dieu se plut à glorifier le tombeau de son serviteur. On regrette que les nombreux prodiges dont parle l'hagiographe du XIe siècle, et dont il promettait un récit détaillé, ne soient point arrivés jusqu'à nous. Le peu que l'on sait peut suffire néanmoins à donner une haute idée de la puissance de saint Dié, et de la confiance qu'il avait inspirée.

Le fait suivant, rapporté par Richer, est un exemple de la manière dont Dieu traite parfois les usurpateurs des biens ecclésiastiques.

Un gentilhomme de Sigolsheim ou Savaumont qui avait donné à saint Dié une vigne d'un excellent crû, profita de la mort du saint pour revenir sur sa libéralité. Il ne tarda pas à recueillir le châtiment de son crime. Un jour qu'il avait réuni à sa table un cercle d'amis, il voulut leur faire goûter du produit de cette vigne, mais au lieu de vin le tonneau ne laissa échapper que des guêpes, qui se répandirent dans la salle du festin, poursuivant le pauvre gentilhomme et ses convives, et les perçant de leurs aiguillons. Le coupable comprit la leçon : il promit sur-le-champ de restituer la vigne, et les guêpes apaisées se dispersèrent au loin.

Le pouvoir de saint Dié s'exerçait particulièrement contre les maladies et les fléaux publics.

Nous avons déjà dit qu'on l'invoquait spécialement pour être délivré ou préservé du goitre. On recourait encore à son intercession dans une foule d'autres circonstances, et généralement quand on se trouvait sous le coup de quelque fâcheuse calamité. Dès les premiers temps, on portait processionnellement sa tunique, lorsqu'on voulait apaiser la colère de Dieu. Plus tard, au lieu de porter sa tunique, on porta ses restes précieux. Cette dévotion ne restait pas sans effet. En 1587, où l'année fut très-pluvieuse, on fit une neuvaine de prières devant les reliques de saint Dié, exposées dans son église, et cette neuvaine fut suivie de quarante jours consécutifs de temps serein. Les Actes du chapitre font aussi mention de plusieurs processions, dans lesquelles on portait la châsse de saint Dié, dans le but d'obtenir le beau temps.

Les témoignages de respect dont la mémoire de saint Dié fut entourée dès la plus haute antiquité, nous permettent de croire que son culte fut célébré presque aussitôt après sa mort. Mais ce culte prit un nouveau développement, après que le Pape saint Léon IX, ancien grand-prévot de Saint-Dié, eut canonisé notre saint, dans un concile de Rome, et permis de lire sa vie dans les églises.

Ce culte ne se renferma point dans les étroites limites du Val de Galilée (1) comme l'attestent plusieurs martyrologes et les offices propres de divers diocèses.

---

(1) L'église de Saint-Dié célébrait autrefois la fête de son patron le 10 juin, mais des raisons liturgiques lui ont fait différer cette fête jusqu'au 8 juillet.

Il faut renoncer à décrire tous les traits relatifs au culte de notre saint patron. On aime cependant à citer le nom d'Ermengarde, qui en 1051, se voua solennellement au service de saint Dié, et fonda une rente annuelle pour entretenir un cierge devant ses reliques; et celui de la comtesse Richilde, petite-nièce de sainte Hunne, qui légua tout son domaine d'Engiville, en Alsace, au chapitre de l'église de Saint-Dié. Mais surtout on ne saurait trop louer la dévotion dont ce chapitre s'est toujours fait honneur envers les reliques du saint évêque. Les actes capitulaires nous apprennent, en particulier, qu'en 1537, on affecta certains revenus à l'entretien et à l'augmentation du cierge qui brûle devant l'autel du saint; et qu'en 1675, on prit une délibération en vertu de laquelle la châsse de saint Dié ne pourrait désormais être portée que par des chanoines.

L'histoire abrégée des reliques de saint Dié servira de couronnement naturel à ce petit travail.

Pendant plusieurs siècles, le corps de saint Dié demeura dans le tombeau de pierre où saint Hidulphe l'avait renfermé. Mais en l'an 1003, quand déjà le monastère était remplacé par un chapitre de chanoines, la duchesse Béatrix de Lorraine, sœur de Hugues Capet, poussa l'irrévérence et la curiosité jusqu'à menacer d'une perpétuelle servitude les chanoines, le clergé et le peuple, si on ne lui montrait le corps du bienheureux Déodat. Dieu qui sait tirer le bien du mal fit tourner ce caprice impertinent à la gloire de saint

Dié. Les chanoines intimidés prescrivirent un jeûne et des prières publiques, invitèrent plusieurs prélats, procédèrent à l'ouverture du tombeau, et déposèrent les saints ossements dans une châsse en bois préparée à cet effet. L'église de Saint-Dié célébra longtemps l'anniversaire de cette translation, le dix-septième jour de juin.

Cependant la duchesse revint bientôt à des sentiments plus convenables, et voulut réparer sa faute. De concert avec Louis de Dachsbourg, aïeul de saint Léon IX, elle fit restaurer la grande église, qui, à partir de cette époque, fut désignée sous le nom d'église de Saint-Dié.

Mais depuis qu'ils furent tirés de leur tombeau, les restes de saint Dié subirent bien des vicissitudes. Au XIIIe siècle, sous le pontificat de Nicolas III, ils furent déposés dans une châsse d'argent, ornée dans le goût de l'époque.

En 1540, le premier jour d'octobre, on ouvrit capitulairement cette châsse, et on en retira trois jointures de l'une des mains, ainsi qu'une dent. Ces reliques furent distribuées successivement à Lambert, évêque de Caserte, et à l'abbaye de Moyenmoutier, à l'exception d'une des jointures que l'on conserve encore aujourd'hui à la cathédrale; mais le bras d'argent qui lui servait de reliquaire a disparu pendant la Révolution.

A partir du XVIIe siècle, les reliques de saint Dié et les autres conservées dans la même châsse, ont échappé à de nombreux périls.

Pendant la guerre des Suédois, l'église fut incendiée en 1635, et malgré l'ardeur du feu qui mit la châsse en fusion et détruisit tous les documents qu'elle renfermait, la plus grande partie des ossements fut comme miraculeusement épargnée. Après ce désastre, ils furent conservés dans une châsse en bois, jusqu'à ce que François le Bègue, doyen du chapitre, eut fait don d'une nouvelle châsse en argent. L'abbé de Riguet les y déposa, le 11 juin 1679, huit jours avant le millénaire qu'il célébra si solennellement en l'honneur de saint Dié.

Plus tard, en 1734, des malfaiteurs dérobèrent ce nouveau reliquaire, et l'on dut replacer dans une châsse de bois les reliques, dont heureusement ils avaient respecté les sceaux. Mais la dévotion pour saint Dié semble héréditaire dans le chapitre. Le 3 février 1766, François-Dieudonné Abram, chanoine de l'insigne collégiale, fit don d'une autre châsse d'argent, en forme d'urne.

Le précieux trésor qu'elle contenait devait bientôt subir une autre profanation. Le 7 novembre 1792, l'évêque constitutionnel Antoine Maudru, se sentit le triste courage de le reléguer dans l'ancienne châsse de bois pour livrer l'urne d'argent à la rapacité des municipaux.

Il faut néanmoins bénir le ciel qui ne laissa pas tomber les saintes reliques entre les mains des impies. Mais on souffrait de les voir dans un reliquaire tombant de vétusté. Le 18 juin 1818, Monsieur Duguenot, curé de Saint-Dié, eut la consolation de les transférer dans une châsse plus convenable due à la piété du vénérable chanoine Raulin. On voit maintenant cette châsse au Petit-Saint-Dié, et le dépôt qu'elle conserva fidèlement pendant plus de 40 ans ne lui a pas été totalement enlevé. Ce fut le 19 juillet 1851 que Monseigneur Caverot transféra la majeure partie du précieux trésor, dans une châsse d'un grand prix et d'un beau travail, digne monument de sa dévotion pour saint Dié, en même temps que de son goût pour les arts.

Dieu veuille, dans sa divine Providence, veiller à la garde de ce saint dépôt, la gloire la plus pure de notre cité épiscopale.

———

Bienheureux saint Dié, exemple des Prélats et modèle des anachorètes, gloire de nos montagnes, fleur suave de nos vallées, priez pour votre peuple, priez pour le diocèse qui porte votre nom; du haut du ciel, intercédez pour nous. Suppliez le Seigneur de répandre dans nos cœurs l'esprit qui vous animait, afin qu'imitant ici-bas vos vertus, nous méritions de partager votre récompense, dans les glorieux parvis des cieux. Ainsi soit-il.

Sᵗ-Dié, Imp. L. Humbert.